Piscinas

H KLICZKOWSKI

Piscinas

H KLICZKOWSKI

Idea y concepto: **Paco Asensio y Hugo Kliczkowski**

Textos: **Loft Publications**

Fotografías: **Pere Planells**

Corrección y edición: **Susana González**

Dirección de arte: **Mireia Casanovas Soley**

Diseño gráfico: **Emma Termes Parera**

Maquetación: **Gisela Legares Gil**

Copyright para la edición internacional:

© H Kliczkowski-Onlybook, S.L.

La Fundición, 15. Polígono Industrial Santa Ana

28529 Rivas-Vaciamadrid. Madrid

Tel.: +34 91 666 50 01

Fax: +34 91 301 26 83

onlybook@onlybook.com

www.onlybook.com

ISBN: 84-96241-86-6

DL: B-47741-03

Proyecto editorial

LOFT Publications

Via Laietana, 32 4º Of. 92

08003 Barcelona. Spain

Tel.: 0034 932 688 088

Fax: 0034 932 687 073

e-mail: loft@loftpublications.com

www.loftpublications.com

Impreso en Anman Gràfiques del Vallès, Spain

Enero 2004

Agua en continuo movimiento

La piscina, inspirada en las tradicionales albercas, se muestra como una generosa alfombra extendida a los pies de la casa, cuya arquitectura queda reflejada en el agua como si se mirara en un espejo.

Al situarse en el espacio libre que queda entre la casa principal y el pabellón de invitados, la piscina se concibe como un elemento tanto interior como exterior. Esta original disposición la integra plenamente en el entorno natural y arquitectónico, a lo que también contribuye el perfil de piedra que la bordea y dibuja su trazado geométrico sobre la hierba.

El agua, que no se detiene ante ninguno de los obstáculos físicos que encuentra a su paso, prosigue su recorrido guiada por las formas que le va marcando la piedra. Incluso atraviesa puertas, como si buscara el camino para arribar al mar, a un mar al que finalmente nunca llegará, pero que no le queda tan lejano.

Las macetas y la ordenada y contenida vegetación que circunda y protege la piscina se encargan de definir los contornos de una obra cuyo diseño ha querido rendir tributo a la tradición y el ayer. Por ese motivo, para darle forma se han aprovechado elementos del pasado ya existentes en la finca, como una antigua bomba de agua o un pequeño estanque donde se almacenaba el agua que había de regar las tierras.

El conjunto se completa con un pabellón anexo a la casa principal. Su fachada de líneas rectas repite simétricamente una serie de arcadas que sirven de marco a unas puertas de generosas dimensiones. Una de estas puertas se abre al agua para dejar que ésta la atraviese sin problemas. El empleo de esta solución consigue un sugerente juego óptico de contrastes y formas.

Situada en uno de los laterales de la casa, sobre una ladera cercana al bosque y con el azul de un cielo infinito y el mar de fondo, esta piscina guarda una atractiva comunicación visual con el interior de la vivienda.

El diseño muestra el uso espectacular del espacio disponible dentro de los límites que marcan los volúmenes de la construcción. Una pared acristalada de generosas dimensiones recorre toda la longitud de la piscina, lo que consigue que la relación entre las estancias interiores y el exterior sea fluida. Sin embargo, unas sugerentes y teatrales cortinas permiten prescindir de esta constante comunicación, puesto que una vez desplegadas impiden la visión entre ambos ambientes.

La piscina, sustentada por pilares de hormigón, se ha proyectado con una acusada longitud y estrechez, que se potencia con el resto de los elementos arquitectónicos del conjunto, como la fachada de la vivienda, las láminas de madera que sirven de revestimiento o las frágiles y escuetas barandillas de las terrazas mirador que la flanquean a distinto nivel.

Construida en paralelo a la vivienda, la piscina aprovecha en su ubicación las irregularidades del terreno y permite salvar las limitaciones espaciales impuestas tanto por el lugar como por la construcción. Su perfil, que repite el esquema constructivo de la edificación, queda delimitado por las líneas rectangulares rematadas por un contorno blanco y por un suelo de láminas de madera convenientemente tratada.

El estilo vanguardista y la estética minimalista impregnan todo el conjunto, en el que destaca el azul intenso del agua, en contraste con la sobriedad formal y estilística de las estancias interiores.

Canto a la sensualidad

Desbordante, soberbia y escondida en un exuberante jardín se presenta esta piscina en forma de media luna alargada. El emplazamiento y la orientación fueron dos de los factores que determinaron la elección de la original estructura.

La piscina se encuentra situada a los pies de una vivienda unifamiliar. Su sinuoso contorno demuestra que es posible aprovechar al máximo el espacio disponible y conseguir unos resultados óptimos, y es que a pesar de las limitaciones topográficas y sus dimensiones, el papel concedido a la piscina es estelar.

El verde de la hierba que recorre todo el jardín da paso a un pavimento de losas de terracota que perfilan el contorno semicircular de la construcción; junto a éstas se ha situado una franja de mármol repujado que conforma una superficie antideslizante rugosa; y ya en el borde de la piscina vuelve a repetirse la terracota. El agua refleja la vegetación circundante y muestra todos los tonos del azul al tintarse el cemento pulido que reviste el interior y el fondo de la piscina. Al llegar a la parte circular y a los pies de la construcción, el agua desborda aprovechando el terreno y la sombra que brindan los árboles centenarios plantados en esta zona del jardín. Una barandilla de hierro delimita este espacio, donde se han dispuesto confortables tumbonas. Más árboles, arbustos y macetas, así como una extensa alfombra de césped, completan el delicioso entorno.

La combinación cromática y el juego de contrastes que rodean la azulada superficie del agua se unen a las eficaces soluciones constructivas empleadas para dar como resultado un refugio de frescor y sosiego en el que es fácil olvidarse de todo lo que no sea gozar del buen tiempo y los momentos de ocio.

Carácter minimalista

Un color, el blanco jade, y un único material, una piedra arcillosa procedente de una cantera española, son los dos elementos clave que funcionan como hilo conductor entre el edificio principal y la zona de agua para dar lugar a un volumen arquitectónico homogéneo. Efectivamente, al partir de una de las paredes laterales que acoge el porche de invierno de la casa, la piscina se convierte en la lógica continuación de la vivienda.

Para acentuar la integración de ambos volúmenes, la piscina ha sido estructurada de acuerdo con dos planos que se unen en uno solo: el que se prolonga desde el porche de invierno, donde se abren tres grandes ventanales en forma de puertas correderas, y otro que arranca del porche de verano, en el que se ha situado la entrada escalonada a la piscina. Así, el agua no sólo rodea los espacios interiores y exteriores destinados al ocio, sino que ejerce a la vez de apacible y sobrio estanque moderno de estilo marcadamente depurado.

La omnipresencia de la piedra blanca, que envuelve la propiedad como un manto protector, viste la vivienda y sorprende por su original textura arcillosa y por su suave luminosidad, que realzan alegremente la linealidad del conjunto y le imprimen cierto dinamismo formal. Siguiendo este criterio se ha optado por pavimentar de la misma manera el porche de verano y comunicar el volumen de la piscina con esta zona exterior. Mediante un sofisticado mecanismo de recogida, una ligera red hace de toldo minimalista en una zona destinada básicamente a disfrutar del sol durante el día y como porche de verano por la noche.

Asomada a una pequeña cala abrupta, la excepcional situación de esta piscina recoge toda la belleza del paisaje griego.

Su perímetro irregular en forma de cuña, con curvas suaves e insólitas, termina en el límite del acantilado y alberga en su interior tres niveles diferentes: en el recodo más pronunciado, un primer escalón facilita la entrada a la piscina; otro bordea el lateral y forma una especie de banco sumergido donde poder relajarse, y un tercer desnivel configura la zona más profunda.

En este conjunto se ha optado por utilizar un único material tanto para el vaso de la piscina como para la superficie que la rodea: cemento encalado, una textura y una tonalidad típicamente mediterráneas, como también lo constituye la presencia de los pinos, la única nota de color en este universo de deslumbrante luminosidad.

El diseño de esta piscina, construida sin remate superior pero con bordes redondeados, responde a una cuestión estética y de ocio donde predomina la acción de admirar el paisaje, aunque, eso sí, cómodamente sentado dentro del agua.

Este rincón de belleza y fuerza del paisaje está en constante movimiento según la voluntad de la luz. La piscina se convierte entonces en un original y sereno mirador desde donde poder contemplar a cualquier hora del día la evolución y los cambios sutiles de la luz. Todo un privilegio.

Ubicada a los pies del edificio principal —una masía—, esta zona se ha diseñado y ligado visualmente al edificio contiguo aplicando como elemento unificador una tarima de madera tropical de intenso color marrón.

La restauración de la masía, la construcción de la piscina y la recuperación del edificio secundario como zona de agua se llevó a cabo de forma pausada y escalonada durante más de cinco años. Concretamente, toda el área de agua se proyectó en una última fase, cuando los propietarios adquirieron la finca contigua, que actualmente alberga una completa área de relajación con una sauna finlandesa, un baño turco y un zona para cambiarse situados debajo de la impresionante bóveda ganada a la cubierta del antiguo edificio. Un jacuzzi estratégicamente situado para disfrutar de las vistas al paisaje ampurdanés completa esta estancia formalmente equilibrada y cuyo depurado estilo conjuga con armonía diferentes texturas: la piedra, el cristal acidado y la madera tropical.

En el exterior, un muro a diferentes alturas, perfectamente restaurado y coronado por un vistoso tapiz vegetal, aísla y protege esta zona a la vez que crea un espacio íntimo y acogedor. Por otro lado, la sabia combinación de colores y texturas, entre los cuales destacan el verdor de la vegetación, el pálido tono ocre de la piedra y la intensidad cromática del pavimento de madera de cumarú, potencia un matizado juego de contrastes naturales que convierte el conjunto en un espléndido ejercicio de integración entre paisaje y arquitectura.

Este espectacular proyecto se desarrolla a partir de unas pocas ruinas, ahora integradas formalmente en la piscina. La recuperación y la reinterpretación de los antiguos sistemas de edificación responde a una concepción del hábitat tradicional, basado en un material, la tierra, y en un procedimiento, el adobe, que son ladrillos de tierra mezclada con paja y secada al sol.

Utilizado por el hombre desde hace aproximadamente 10.000 años en la construcción de casas y ciudades, este material resurge ahora con fuerza por su carácter ecológico y su capacidad como regulador térmico, ya que permite disfrutar de un ambiente fresco en verano y cálido en invierno de forma totalmente natural. No obstante, la recuperación de este tipo de arquitectura de tierra no responde únicamente a un interés por esta tradición, sino también a una inquietud ecológica muy contemporánea.

En este proyecto, ubicado en uno de los paraísos naturales de Marruecos —el palmeral de Marrakech—, se han transformado unas antiguas ruinas en una evocadora escultura perfectamente integrada en el paisaje y en el volumen de la piscina.

Las paredes han sido restauradas con ladrillos de adobe, revestidas a mano con tierra sin cocer y finalmente embadurnadas con aceites vegetales como medida de protección y mantenimiento.

Un sobrio pabellón preside la piscina, cromáticamente unida al conjunto por un intenso tono ocre, el color de la tierra, presente también en forma de revestimiento en las paredes divisorias.

En el corazón de una cantera

En la pared rocosa de una antigua cantera situada en lo alto de una colina se esconde esta original y desbordante piscina. Para lograr la perfecta fusión de la obra constructiva con el entorno paisajístico, se aprovechó un hueco natural de la pared rocosa. El resultado es espectacular: una pared de roca imponente, por un lado erosionada por el agua de una cascada artificial y por otro tapizada por un manto vegetal que mitiga la aspereza de la piedra.

La piscina ha sido tratada como una lámina de agua, aunque hay que buscar el origen de su aspecto en los pequeños y profundos estanques naturales de piedra que se encuentran en las latitudes alpinas, donde el agua se mantiene helada incluso en verano. A partir de este planteamiento, se ha mantenido prácticamente intacta la pared rocosa, incluso la zona sumergida, y se ha respetado su estructura formal y su particular textura. La entrada principal muestra con detalle la fusión de la pared rocosa con el volumen de la piscina.

Niveles y desniveles estructuran la ubicación de dos terrazas amplias y pavimentadas con losas de barro cocido cuyo color rojizo aporta una nota de calidez a la vez que potencia el contraste con el tono claro de la roca. La sobriedad de los materiales naturales marca el efecto rústico del conjunto, aunque matizado por la presencia de unas sofisticadas tumbonas de hierro y por el elegante color de unas colchonetas tapizadas en capitoné.

Juegos de geometría

El agua toma forma a partir de un sutil juego de aristas y líneas rectas, coloreadas figuras geométricas que resaltan entre la vegetación, distribuida de una manera totalmente organizada.

Esta piscina se envuelve de volúmenes rectos que la protegen y definen. Se ha situado alejada de la entrada principal de la casa —un antiguo garaje rehabilitado—, resguardada del viento y también de las miradas indiscretas. De ahí que su ubicación aproveche el lugar más recóndito del jardín, la parte posterior de la vivienda. Esta solución crea un espacio abierto pero no visible, lo que otorga al conjunto una gratificante intimidad.

Escondida tras elementos geométricos, las rectangulares líneas de esta piscina se enmarcan en un perfil de losas pulidas de hormigón rodeadas de una mullida alfombra de hierba —también encerrada en formas rectas— alternada con el suelo de piedra.

El contraste de texturas, materiales y colores dibuja un espacio de estética peculiar situado a caballo entre un jardín zen y los tradicionales y más representativos paisajes mediterráneos.

De hecho, la excesiva linealidad y tensión de las figuras erectas se compensa con las tonalidades empleadas —que van del verde al morado, pasando por el albero o el azul oscuro—, la vegetación, la rugosidad del muro de piedra o el escaso mobiliario elegido por los propietarios.

Fundirse en la inmensidad del horizonte en este lugar supone no sólo un privilegio, sino un singular homenaje a la belleza natural. Mediante unos estudiados desniveles, una geometría lineal que provoca espectaculares perspectivas y una paleta cromática basada en un único color, el azul, se ha desarrollado una composición que se prolonga visualmente en la profundidad del mar y del cielo.

Una de las claves del conjunto reside en el perfil exterior de la piscina, que simula estar enrasado con el nivel del mar. Para destacar esta imagen se ha optado por revestir el vaso de la piscina de color blanco y así potenciar el contraste de tonos a la vez que se crea una franja geométrica blanca, como un interludio óptico entre el azul intenso del mar y la tonalidad cristalina del agua.

La sobriedad lineal de los dos porches junto a la utilización de materiales tan comunes como el cemento, que corona la piscina y cubre todo su perímetro, y el hierro, que actúa como soporte principal de la estructura exterior, se convierten en los elementos claves de su integración en el entorno. De forma muy efectiva, la combinación de materiales habituales consigue un efecto sorprendente y permite jugar con nuevas texturas a la vez que éstas ceden el protagonismo a la majestuosidad del paisaje e imprimen carácter a este conjunto tan particular.

En cuanto a la decoración se ha seguido el mismo principio: diseño inteligente y materiales innovadores para unos muebles de exterior con marcado estilo contemporáneo.

Esta original zona de agua se ubica en una antigua hacienda mexicana restaurada y se enmarca entre múltiples perspectivas visuales. Situada en el patio descubierto de la casa, la piscina ha sido concebida como un pequeño estanque en forma de alberca inspirada en los lavaderos de antaño. Simétricamente alineados, seis surtidores se encargan de hacer circular el agua y de crear una suave y natural melodía de fondo.

En este proyecto el espacio, el color y la textura de un único material, el hormigón, se fusionan y complementan para crear un ambiente rico en matices donde la luz interviene directamente en la génesis de volúmenes y perspectivas. Efectivamente, la contundencia cromática de un profundo azul añil tiene aquí una doble función: suavizar la sobriedad de la zona y rebajar visualmente la altura de la estancia, originando un espacio fresco donde refugiarse del calor estival. En el suelo se ha optado por un intenso color tierra, casi anaranjado, un tono caliente que resalta en un claro contraste.

Desde el punto de vista decorativo, tanto los muebles como los elementos ornamentales han sido cuidadosamente escogidos para desempeñar la función de esculturas en un singular ejercicio artístico. Una colección de "lindos" —pequeñas figuras de bronce— situados estratégicamente alrededor del estanque, un cuadro sutilmente ubicado en uno de los laterales, el antiguo balancín del piso superior o incluso el grupo de helechos que conforma la única nota vegetal del conjunto adquieren en este lugar un relieve especial potenciado de nuevo por la presencia del color.

Recuerdos del pasado

En la época de máximo esplendor de la Córdoba (España) musulmana —durante los siglos X y XI— se construyeron en esa ciudad más de trescientos baños árabes que han ido desapareciendo o quedando en desuso. A pocos metros de la mezquita se han instalado estos baños a imagen y semejanza de los que existían antaño y que nacen con la intención de recuperar una de las costumbres más extendidas de la civilización musulmana.

El "hamman" (vocablo árabe que significa baño) era un edificio público concebido como lugar de encuentro de personas de la más variada procedencia social. Los baños árabes Medina Califal recrean toda una época a la vez que se adaptan a las necesidades actuales. El resultado es un lugar en el que el visitante puede viajar al pasado y conocer todo el apogeo y magnificencia de un momento histórico irrepetible. Se trata de los baños públicos más grandes de Europa, ya que cuentan con una superficie de mil metros cuadrados edificados, quinientos de los cuales se destinan a piscinas termales.

Siguiendo la tradición, la estructura de los baños se compone de diferentes espacios: patio, vestuario, sala fría, sala templada y sala caliente (estas tres últimas estancias, inspiradas en las termas romanas). Se han cuidado al máximo los detalles, por lo que las soluciones arquitectónicas y recursos ornamentales recuperan la peculiar geometría de los mosaicos, el labrado de los arcos, los zócalos, las celosías, los capiteles, los materiales e incluso el constante e hipnótico murmullo del fluir del agua, los aromas más típicos de la época y la esencia de la cultura musulmana. Todo un lujo para los sentidos y también para el espíritu.

Situada entre dos largos muros medianeros de piedra seca y rodeada por un mullido tapiz de hierba se extiende esta piscina de forma rectangular. El objetivo principal del diseño fue paliar las desventajas que presentaba el terreno, ubicado en una estrecha franja cercada por muros de diferentes alturas. Por tanto, debía compensarse su excesiva linealidad y crear subzonas en los dos laterales más cortos, donde la presencia de un murete y una pared a media altura cortaba física y visualmente cualquier expansión.

Para romper con la rigidez de las líneas rectas y conferirle volumen, se optó por utilizar el muro principal y más antiguo como soporte para una vegetación tupida que pudiese desplegarse como una cascada natural. Este tapiz, compuesto principalmente por una espectacular buganvilla y diversas especies de plantas grasas, suaviza la dureza de la piedra seca y aísla esta zona destinada a una tranquila intimidad.

Un borde de piedra caliza remata esta apacible lámina de agua y alberga a la vez un discreto canalillo cuya función es devolver el agua a la piscina para evitar encharcar la pradera de hierba.

Uno de los laterales, situado a la entrada del recinto abierto, se transformó en un porche informal que arranca de una pared trasera. Un original toldo de tonos ocres es el encargado de convertir esta zona angulosa en un agradable rincón perfectamente integrado en el conjunto. En el otro extremo, tres escalones rompen el volumen del muro medianero y unen a la vez los dos laterales. Esta solución constructiva centrada en un material, la piedra, permitió originar una zona formalmente equilibrada en la que tomar el sol.

Sofisticada geometría

A los pies de un volumen de formas contunden-
tes que rememora el estilo arquitectónico de otras
épocas y otras latitudes se ubica esta piscina cu-
yos trazos componen, como si de un espejo se tra-
tase, líneas muy semejantes a las de la edificación
frente a la que se sitúa.

La construcción es vecina de un campo de golf,
por lo que el verde es el color que la envuelve;
solamente una franja de vegetación separa el jardín de este recinto, y la piscina respeta ese entorno más cercano.

Los materiales se encargan de limitar la piscina
ante el jardín, trazando una imaginaria división.
Dejando atrás la espesa hierba, un perfil de losas
de terracota dibuja la geométrica forma de la piscina. Junto a este, otra franja, esta vez de mármol
repujado da paso a una alfombra de agua de una
tonalidad azul intenso que se consigue al revestir
el vaso con gresite azul claro.

La parte más estrecha de la piscina, la que queda frente al pabellón, acoge unas escaleras su-
mergidas que recorren todo el espacio disponible
en ese tramo y permiten entrar en el agua de manera calmada. Encarada a ellas se ha instalado
otra escalera más estrecha de acero inoxidable.
Una vez se ha disfrutado del agua, la escalera invi-
ta a abandonarse en el porche cubierto instalado
en la zona más ancha del pabellón de piscina,
coronado por una cúpula y anexo a la casa principal. A ambos lados de esta sala de estar, decora-
da con un mobiliario cálido y confortable, se han
dispuesto un cambiador y una ducha.

Un oasis urbano

Una decoración contenida, contemporánea y austera define los exteriores que conforman este pequeño jardín. En un rincón se ubica la piscina, de forma alargada. En la parte inferior del muro que la separa de la finca colindante se ha ubicado una larga estructura rectangular de color blanco que funciona como jardinera y en el que se ha instalado un surtidor de líneas rectangulares del que brota agua constantemente.

El contundente trazo que dibuja la piscina se suaviza con la mullida alfombra de hierba que la rodea y el suelo de láminas de madera tropical que forma el camino hacia el agua. El vaso se ha revestido con gresite de diferentes tonos verdes, que al mezclarse consiguen esa atractiva tonalidad del agua.

En los extremos de la piscina se han instalado unas escaleras cuyo sobrio perfil de acero inoxidable pasa prácticamente inadvertido. Junto a ellas se ha dispuesto un trampolín, también de madera tropical, anclado al suelo con unos elementos de acero inoxidable. Frente al trampolín se encuentra una contundente edificación geométrica de fachadas blancas que sirve de vestidor, la ducha y una escultural figura de generosas dimensiones.

Tumbonas y bancos de líneas minimalistas y cojines blancos completan el conjunto. El resultado es una piscina preservada de las miradas indiscretas y un rincón tranquilo alejado del cercano bullicio de la ciudad.

Otros Minis de H Kliczkowski

La Fundición, 15 Polígono Industrial Santa Ana 28529 Rivas-Vaciamadrid Madrid
Tel. 34 91 666 50 01 Fax 34 91 301 26 83 asppan@asppan.com www.onlybook.com

Diseño de lofts
ISBN (E) 84-96241-96-3

Hoteles
ISBN (E) 84-96241-95-5

Interiores de casas
ISBN (E) 84-96241-88-2

Chill out. Arquitectura e interiores
ISBN (E) 84-96241-22-X

Casas rehabilitadas
ISBN (E) 84-96241-92-0

Casas
ISBN (E) 84-96241-89-0

Baños
ISBN (E) 84-96241-91-2

Interiores minimalistas
ISBN (E) 84-96241-99-8

Cocinas
ISBN (E) 84-96241-59-9